EDELVAN JOSÉ DOS SANTOS

Novena de Nossa Senhora da Rosa Mística

EDITORA
SANTUÁRIO

DIREÇÃO EDITORIAL: Pe. Edvaldo Manoel Araújo, C.Ss.R.
COORDENAÇÃO EDITORIAL: Ana Lúcia de Castro Leite
REVISÃO: Luana Galvão
DIAGRAMAÇÃO E CAPA: Mauricio Pereira

ISBN: 978-65-5527-501-8

1ª impressão

Rua Pe. Claro Monteiro, 342 – 12570-045 – Aparecida-SP
Tel.: 12 3104-2000 – Televendas: 0800 - 0 16 00 04
www.editorasantuario.com.br
vendas@editorasantuario.com.br

Nossa Senhora da Rosa Mística

No ano de 1947, enquanto trabalhava em um quarto de hospital, em Montechiari (Itália), a enfermeira Pierina Gilli – nascida em 3 de agosto de 1911 –, apareceu uma bela Senhora, vestida com túnica violeta e com um véu branco sobre a cabeça. Além do rosto e do olhar tristonhos, a Mulher trazia três espadas cravadas no peito. Chorando incessantemente, proferiu as seguintes palavras a Pierina: "Oração, Penitência e Sacrifício".

Na aparição seguinte, a majestosa Senhora apareceu vestida de branco; em vez de espadas, em seu peito estavam três rosas: uma branca, outra vermelha e a última dourada. Em diálogo com Pierina, a Mulher contou-lhe que o Altíssimo a tinha enviado para ajudar, sobretudo, os sacerdotes e as ordens religiosas: "Sou a Mãe de Jesus e Mãe de todos vocês. Nosso Senhor deseja que o mundo conheça esta nova devoção mariana. Prometo a meus filhinhos, se venerarem com amor, terão minha proteção e surgirão muitas vocações religiosas". A Virgem Maria também pediu que o último dia de cada mês fosse consagrado a ela, que os doze dias antecedentes servissem de preparação, com orações especiais, e que o dia 13 de julho fosse oferecido à Rosa Mística.

Durante as aparições, Nossa Senhora explicou à humilde enfermeira o significado das espadas e das rosas. Primeiramente, os punhais representavam a escassez de vocações, os pecados mortais dos padres, das freiras e a traição dos sacerdotes ao Sagrado Coração de Jesus, pelo abandono da vocação, os quais se fazem iguais a Judas Iscariotes; enquanto as rosas simbolizavam o espírito de oração (rosa branca), o espírito de sacrifício (rosa vermelha) e o espírito de penitência (rosa dourada).

A terceira aparição aconteceu na capela do hospital de Montechiari, no momento da celebração eucarística. A Virgem Maria afirmou o quanto seu Filho Jesus estava descontente pelas ofensas sacerdotais, por isso colocou sua Mãe como intermédio entre o divino e a humanidade, para que reparassem seus pecados, convertendo seus corações.

Na quarta e quinta manifestações marianas, a Virgem Santíssima reforçou seu pedido, solicitou que a oração e a penitência estivessem presentes no dia a dia dos seguidores de Cristo. Na sexta aparição, Maria suplicou que os povos a venerassem como a Senhora da Rosa Mística, especialmente, nos conventos e nos seminários.

Na sétima aparição, proferiu as seguintes palavras: "Eu sou a Imaculada Conceição, sou a Mãe da Graça, Mãe de meu Divino Filho, Jesus Cristo, quero que, ao meio-dia de cada 8 de dezembro, seja celebrada a 'Hora da Graça' por todo o mundo e prometo que, mediante essa devoção, serão alcançadas graças para a alma e para o corpo".

Depois dessas aparições, Pierina viveu alguns anos em Bréscia como auxiliar em um convento de religiosas. Houve muitas curas físicas e espirituais presenciadas, especialmente na fonte da gruta de Fontanelle, situada ao sul de Montechiari, norte da Itália. Como muitas manifestações aconteceram naquela região, consequentemente, a Rosa Mística tornou-se conhecida mundialmente, de tal modo que, fora da Itália, existem quatro santuários dedicados a ela: na Venezuela, no Líbano, na China e no Brasil, em Jambeiro, SP.

Pierina Gilli morreu no dia 12 de janeiro de 1991, com 79 anos de idade, deixou preciosas anotações em seu diário pessoal, que descrevem com detalhe suas experiências místicas, além de relatar seu sofrimento pelas visões demoníacas. Finalmente, a vidente nos faz refletir, em seus escritos, sobre as provações da vida, momentos favoráveis para nos unirmos a Jesus a fim de buscarmos a salvação de nossa alma e daqueles que mais necessitam de nossas orações.

Nossa Senhora da Rosa Mística é invocada nos momentos de grande aflição e desespero, como auxiliadora das vocações religiosas e intercessora dos fiéis leigos, pela persistência em sua missão terrena. Sua festa litúrgica é celebrada no dia 13 de julho.

Como Fazer a Novena

(Roteiro para todos os dias)

1. Oração inicial

– Em nome do Pai, do Filho e do Espírito Santo.

– Amém!

– A nossa proteção está no nome do Senhor,

– que fez o céu e a terra!

– Ouvi, Senhor, minha oração

– e chegue até vós o meu clamor!

– Vinde, Espírito Santo, enchei os corações dos vossos fiéis e acendei neles o fogo do vosso amor. Enviai o vosso Espírito, e tudo será criado, e renovareis a face da terra!

Oremos: *Ó Deus, que instruístes os corações dos vossos fiéis com a luz do Espírito Santo, fazei que apreciemos retamente todas as coisas, segundo o mesmo Espírito, e gozemos sempre da sua consolação. Por Cristo, Senhor nosso.*

– Amém!

Oferecimento da Novena: Ó Santíssima Virgem Maria, a quem o Altíssimo concedeu a honra de ser invocada como Nossa Senhora da Rosa Mística, venho, com todo o amor e toda a fidelidade, pedir-te: sê a protetora de meu lar, livra minha família e as famílias do mundo inteiro dos males que nos possam afligir, ajuda no fortalecimento das comunidades religiosas. Ó mais bela flor, nas Bodas de Caná, tu intercedeste a teu Filho Jesus, e houve o milagre. Também quero te apresentar minhas angústias e provações *(faça seu pedido com fé e esperança)*. Confiante em teu intermédio, louvo a Deus, eternamente, ter-me dado uma Mãe sensível aos sofrimentos e às tribulações, que atormentam meu coração. Amém!

2. Palavra de Deus
(Própria de cada dia)

3. Reflexão
(Própria de cada dia)

4. Oração final

Ó Virgem da Rosa Mística, queremos te agradecer as graças derramadas em nossa vida. Por vezes, ingratos a teu amor maternal, jamais nos deixaste abandonados aos perigos deste mundo e estás sempre a nos abençoar, a nos proteger e a nos defender das ciladas do maligno.

Nossa Senhora, mantém-nos na graça de filhos consagrados do Pai e na vivência da misericórdia divina *(rezar 1 Pai-nosso, 3 Ave--Marias e 1 Glória ao Pai)*. Derrama sobre os leigos, os padres, os bispos, o santo padre, sobre todas as irmãs religiosas e sobre todos nós tua bênção protetora, pois são graças necessárias que teu coração materno sabe de que precisamos. Virgem da Rosa Mística, confiamos em tua proteção, e, já que és nossa Mãe, recebe nossos pedidos e auxilia-nos, segundo o desejo de teu Divino Filho Jesus Cristo, Nosso Senhor. Assim seja. Amém!

1º Dia

Oração, Sacrifício e Penitência

1. Oração inicial *(p. 8)*

2. Palavra de Deus *(Lc 1,39-43.45)*

Naqueles dias, Maria partiu em viagem, indo às pressas para a região montanhosa, para uma cidade da Judeia. Entrou na casa de Zacarias e cumprimentou Isabel. Logo que Isabel ouviu a saudação de Maria, o menino saltou em seu seio, e Isabel ficou cheia do Espírito Santo e exclamou em alta voz: "Tu és bendita entre as mulheres e bendito é o fruto de teu ventre! Bem-aventurada aquela que acreditou que se cumpriria o que lhe foi dito da parte do Senhor!"

– Palavra da Salvação.

3. Reflexão

Sinal de solidariedade, a Virgem Maria é a perfeita entre todas as mulheres, digna do Amor gerado em seu ventre. No evangelho sobre a visita de Nossa Senhora a sua prima Isabel, percebemos que, embora fosse apenas uma jovem, já demonstrava preocupação com o próximo, preocupava-se com toda a humanidade quando disse seu "sim" ao anjo Gabriel. Surpreendeu a parenta com o gesto nobre, pois deixou seus aposentos, estando grávida, para servir a futura mãe de João Batista, ainda que tivesse de caminhar longínqua distância.

Em nosso primeiro dia de novena, reflitamos também sobre as palavras de Nossa Senhora proferidas a Pierina: "oração, sacrifício e penitência". Após tal pronunciamento, a Virgem Santíssima desapareceu aos olhos da enfermeira. Na inicial aparição, Maria apontou para as três espadas apunhaladas no coração.

Tais espadas simbolizam a ruína das vocações sacerdotais, a vida pecaminosa de muitos padres e a traição às vocações, pois os religiosos ordenados se espelham em Judas e traem Jesus pela renúncia vocacional.

Peçamos à Mãe da Rosa Mística sua benevolência para nos socorrer nos momentos de desânimo e incredulidade, nos quais o demônio tenta implantar no coração dos homens os maus sentimentos. Que Cristo seja a luz que nos guia rumo à graça do Pai. Amém!

– Ó Jesus, olhai para as lágrimas de sangue daquela que mais vos amou na terra e vos ama mais intensamente no céu! Ó Jesus, atendei nossas súplicas, em virtude das lágrimas de sangue de vossa Mãe Santíssima. Amém!

4. Oração final *(p. 10)*

2º Dia

Três Rosas do Perfeito Amor

1. Oração inicial *(p. 8)*

2. Palavra de Deus *(Lc 1,30-33)*

Disse o anjo Gabriel a Maria: "Não tenhas medo, Maria, porque Deus se mostra bondoso para contigo. Conceberás em teu seio e darás à luz um filho e lhe porás o nome de Jesus. Ele será grande e será chamado Filho do Altíssimo. O Senhor Deus lhe dará o trono de Davi, seu pai, e ele reinará para sempre na casa de Jacó. E seu reino não terá fim".

– Palavra da Salvação.

3. Reflexão

Nossa Senhora assumiu sem reservas o grande plano arquitetado pelo Altíssimo: ser a geradora do Deus-Filho. A Virgem Maria foi escolhida entre todas as mulheres não por casualidade, mas sem dúvida porque possuía um coração sem a mancha do pecado, capaz de habitar o puro amor, na verdade, o próprio Deus-Amor.

A Mãe de Jesus, estando entre os seus aqui na terra, deixou clara sua submissão ao Todo-Poderoso: "Eis aqui a serva do Senhor, faça-se em mim segundo tua palavra" (Lc 1,38). Mesmo sendo a Mãe Celestial, Maria lembra-nos, nessa passagem, o quanto devemos amar, primeiramente, ao Onipotente, o quanto devemos ser humildes diante do Pai Eterno, que entregou seu Filho para remissão de nossos pecados.

Na segunda aparição, Maria Santíssima vestia-se de branco e, em seu peito, havia três rosas: branca, vermelha e dourada.

"Quem é a Senhora?" – perguntou Pierina. "Sou a Mãe de Jesus e de todos vós!"

Ó Virgem da Rosa Mística, ensina-nos que, para agradarmos a Deus, devemos oferecer, sem reservas, nossa fiel vocação, confiada em nosso batismo. Queremos pertencer aos filhos do Pai, que não desprezam a renovação espiritual diária e aceitam seus desígnios. Obrigado, Mãe Imaculada, por seres templo vivo do Espírito Santo para nossa salvação.

– Ó Jesus, olhai para as lágrimas de sangue daquela que mais vos amou na terra e vos ama mais intensamente no céu! Ó Jesus, atendei nossas súplicas, em virtude das lágrimas de sangue de vossa Mãe Santíssima. Amém!

4. Oração final *(p. 10)*

3º Dia

Rosa Mística, a Medianeira das Graças

1. Oração inicial *(p. 8)*

2. Palavra de Deus *(Lc 1,46-49)*

Disse Maria a Isabel: "Minha alma engrandece o Senhor, e meu espírito se alegra em Deus, meu Salvador, porque Ele olhou para sua humilde serva; pois daqui em diante todas as gerações proclamarão que sou feliz! Porque o Todo-Poderoso fez por mim grandes coisas e santo é seu nome".

– Palavra da Salvação.

3. Reflexão

"Se alguém quer ser o primeiro, seja o último de todos e o servo de todos" (Mc

9,35). Esse pensamento de Cristo expressa a humildade almejada por Deus para cada filho seu. Muitas vezes, as pessoas são levadas pela competitividade desenfreada. Os poucos que são exaltados desmerecem a muitos, que estão em último lugar. E essa opressão fere a dignidade humana e faz os menos favorecidos sentirem-se arrasados, depreciados, pois não conseguem aquilo que poucos obtêm.

A postura da Virgem Maria releva a nobreza de espírito da Mãe de Jesus. Jamais quisera ser glorificada por ser a bendita entre todas as mulheres. Sempre manteve o coração sereno e despretensioso. Caminhou conforme a vontade do Pai, sendo simplesmente a humilde colaboradora do Reino dos Céus.

Na terceira aparição de Nossa Senhora da Rosa Mística, estavam presentes três pessoas, entre essas, o confessor de Pierina. Nessa ocasião, Maria disse-lhes que o Altíssimo a havia colocado como a Medianeira das Graças, especialmente, entre as almas dos religiosos e seu Filho, o qual estava entristecido pelas ofensas do povo.

Virgem da Rosa Mística, diante de tua majestosa pureza, ajuda-nos a possuirmos um coração semelhante ao de Cristo. Pedimos-te, ainda, que intercedas por teus filhos pecadores, especialmente, pelos ministérios ordenados.

Queremos lutar em favor dos irmãos excluídos; se preciso, sofrer com eles pela construção de uma sociedade justa e mais solidária. Mãe, sê nossa companhia nos momentos de desânimo e faz de teus filhos promotores da conversão. Amém!

– Ó Jesus, olhai para as lágrimas de sangue daquela que mais vos amou na terra e vos ama mais intensamente no céu! Ó Jesus, atendei nossas súplicas, em virtude das lágrimas de sangue de vossa Mãe Santíssima. Amém!

4. Oração final *(p. 10)*

4º Dia

Rosa Mística e a Súplica contra os pecados da impureza

1. Oração inicial *(p. 8)*

2. Palavra de Deus *(Ap 12,1-2.5)*

Um grande sinal apareceu no céu: uma Mulher vestida com o sol, tendo a lua sob os pés e uma coroa de doze estrelas na cabeça. Estava grávida e gritava de dor, angustiada para dar à luz. Ela deu à luz um filho, um menino, aquele que vai governar todas as nações com cetro de ferro. Mas seu filho foi arrebatado para junto de Deus e de seu trono.

– Palavra do Senhor.

3. Reflexão

Com que profundidade Maria quer atrair-nos a seu doce coração? Ela quer sempre deixar evidente, em suas aparições, que jamais devemos nos desesperar diante de qualquer tribulação, que nunca podemos nos deixar seduzir pelos pecados da impureza, pois o maligno não se cansa de aprisionar almas em seu império infernal.

Nossa Senhora da Rosa Mística é a Virgem afável, transbordante de bondade para com os filhos pecadores. Em sua manifestação, mostra-se piedosa com nossa dor humana, porém suplica nossa perseverança para conduzir uma vida sem a mancha do pecado. Quem quer ser discípulo de Cristo renega as paixões desordenadas, o adultério, a cobiça, a inveja, a luxúria.

Tão imensurável é o amor do Pai que nos ofereceu uma Mãe, que abraça a toda criatura, a todos os povos. Agraciados somos nós, os filhos de Deus, por não nos deixar desamparados em um mundo marcado pela violência, pelo sofrimento e pela exclusão.

Por isso, Maria caminha conosco, orienta--nos e adverte-nos como Mãe amabilíssima: "Eu intervenho para implorar a misericórdia e, em reparação, rogo oração e penitência. Desde que se combata em toda a parte o pecado de impureza, sereis perdoados".

– Ó Jesus, olhai para as lágrimas de sangue daquela que mais vos amou na terra e vos ama mais intensamente no céu! Ó Jesus, atendei nossas súplicas, em virtude das lágrimas de sangue de vossa Mãe Santíssima. Amém!

4. Oração final *(p. 10)*

5º Dia

A Hora da Graça é Promessa da Virgem da Rosa Mística

1. Oração inicial *(p. 8)*

2. Palavra de Deus *(Mt 2,13-15)*

Um anjo do Senhor apareceu em sonho a José e lhe disse: "Levanta-te, toma o menino e a mãe dele e foge para o Egito. Fica lá até eu te avisar, porque Herodes vai procurar o menino para matá-lo". José levantou-se, tomou de noite o menino e a mãe dele e partiu para o Egito. Ficou lá até a morte de Herodes, para se cumprir o que o Senhor falara pelo profeta, com as palavras: "Do Egito chamei meu filho".

– Palavra da Salvação.

3. Reflexão

No dia 22 de novembro de 1947, aconteceu nova aparição de Nossa Senhora a Pierina. A Virgem Santíssima declarou à enfermeira o quanto sofria, e, naquele momento, os cristãos italianos eram os que mais ofendiam o Senhor com pecados contra a pureza.

A mulher questionou Rosa Mística sobre o que poderia ser feito para reparar tais iniquidades: "Oração, minha filha! Aceitai diariamente todas as pequenas cruzes em sinal de penitência".

Em seguida, revelou a Pierina: "No dia 8 de dezembro, ao meio-dia, estarei novamente neste templo, no qual acontecerá a Hora da Graça". Mas a enfermeira não compreendeu o que isso significava. Então, Maria disse-lhe: "A Hora da Graça é a conversão em massa: almas pecadoras e frias, como pedra, serão iluminadas pela graça de Deus Pai, tornar-se-ão fiéis a meu amado Filho e apaixonadas por Ele".

Ó Nossa Senhora, inúmeros agradecimentos te dirigimos, pois infinitas são as graças concedidas aos filhos de Deus. Que seria da humanidade se não tivéssemos teu auxílio? Estaríamos entregues à própria sorte, sem teu cuidado maternal, e andaríamos sem rumo e sem ânimo neste mundo traiçoeiro. Mas, ó minha Mãe, és minha esperança, meu refúgio e minha proteção, todos os dias de minha vida.

Prostrados diante de Cristo, peçamos ao Vencedor da morte que toque no coração das almas pecadoras. Peçamos a Sabedoria e o Entendimento do Espírito Santo, principalmente para os ministérios ordenados, a fim de que nosso ser seja restaurado por tua graça. Assim seja. Amém!

– Ó Jesus, olhai para as lágrimas de sangue daquela que mais vos amou na terra e vos ama mais intensamente no céu! Ó Jesus, atendei nossas súplicas, em virtude das lágrimas de sangue de vossa Mãe Santíssima. Amém!

4. Oração final *(p. 10)*

6º Dia

Rosa Mística e a Consagração a seu Imaculado Coração

1. Oração inicial *(p. 8)*

2. Palavra de Deus *(Lc 2,33-35)*

José e Maria estavam maravilhados com as coisas que dele se diziam. Simeão os abençoou e disse a Maria, sua mãe: "Este menino vai causar a queda e a elevação de muitos em Israel; ele será um sinal de contradição; a ti própria, uma espada te traspassará a alma, para que se revelem os pensamentos de muitos corações".

– Palavra da Salvação.

3. Reflexão

O destino da humanidade foi modificado quando Maria aceitou o projeto da salvação. Sua vida também foi drasticamente transformada, pois passou por muitas provações diante de seu povo. Imaginemos que pesaroso foi o momento em que negaram lugar para o nascimento de Jesus e que aflição quando o Filho se perdeu no templo! Mais terrível foi o passar dos dias de Maria, por saber que se aproximava a morte do Salvador.

A Virgem da Rosa Mística é a Senhora das Dores, Mãe de mil títulos, Mãe digna de veneração! É a bem-querida aos olhos de Deus! Terminada sua missão terrena, embora tenha sido elevada aos céus de corpo e alma, mantém-se presente na vida dos filhos pecadores, não os esquece, pois quer atraí-los para Deus por sua intercessão.

No dia 7 de dezembro de 1947, Nossa Senhora apareceu acompanhada por duas crianças: São Francisco e Santa Jacinta, os irmãos videntes de Fátima. "Eles te acompanharão nas tribulações, pois também eles sofreram bastante", disse a Virgem à enfermeira Pierina.

Em seguida, Maria Santíssima revelou seu desejo: "Quero mostrar meu Coração Imaculado que é tão pouco conhecido aos homens. Em Fátima, desejei propagar a devoção da consagração a meu Coração Imaculado; desejo que a devoção à Rosa Mística, unida a de meu Coração, aprofunde-se e se propague nos institutos religiosos, a fim de que as almas consagradas possam atrair graças mais abundantes". Ao terminar de proferir essa mensagem, concluiu dizendo: "O Senhor seja louvado!" e desapareceu.

– Ó Jesus, olhai para as lágrimas de sangue daquela que mais vos amou na terra e vos ama mais intensamente no céu! Ó Jesus, atendei nossas súplicas, em virtude das lágrimas de sangue de vossa Mãe Santíssima. Amém!

4. Oração final *(p. 10)*

7º Dia

"Eu Sou a Imaculada Conceição"

1. Oração inicial *(p. 8)*

2. Palavra de Deus *(Jo 19,25-27)*

Junto à cruz de Jesus estavam de pé sua mãe, a irmã de sua mãe, Maria, mulher de Cléofas, e Maria Madalena. Jesus, vendo sua mãe e, perto dela o discípulo que amava, disse a sua mãe: "Mulher, eis aí teu filho". Depois disse ao discípulo: "Eis aí tua mãe". E, desta hora em diante, o discípulo acolheu-a em sua casa.

– Palavra da Salvação.

3. Reflexão

Do alto da cruz, sofrendo terríveis dores, Jesus volveu seu olhar compassivo a João e mostrou-lhe que, a partir daquele momento, Maria seria sua Mãe, a Mãe de toda a humanidade. Ao fim de sua vida terrena, o Cristo estabeleceu uma intensa relação de amor e compaixão entre Nossa Senhora e os cristãos.

As palavras de Jesus, dirigidas a Maria e a João, foram além de simples sentimento de afeto, pois conduziram a um plano superior. A Virgem Santíssima assumiu novamente a missão salvífica.

Quando ela deu à luz Cristo, a salvação habitou entre nós, e, ao partir deste mundo para o Reino Glorioso, o Filho não nos deixou abandonados, porque nos ofereceu sua mãe como intercessora. Sim, a Salvação nasceu do ventre de Maria, que é a ponte que preserva nossa vida do abismo do pecado eterno e nos conduz ao Pai.

No dia 8 de dezembro de 1947, Rosa Mística novamente apareceu. Relatam que Maria estava envolvida por rosas brancas, vermelhas e amarelas; em um sorriso terno, disse aos presentes: "Eu sou a Imaculada Conceição!" Ainda acrescentou: "Aqui, em Montechiari, desejo ser chamada de Rosa Mística. Todos os anos, nesta data, ao meio-dia, celebrem a Hora da Graça universal, e hão de obter numerosos favores espirituais e corporais". Depois de alguns instantes, disse-lhes: "Eis o coração que muito ama a humanidade; contudo a maioria paga-lhe com ultrajes".

Ó Nossa Senhora da Rosa Mística, Mãe do Redentor, intercede por minha salvação. Ó Senhora, graças te dou por seres meu auxílio nos momentos tempestuosos, pois acalmas minha alma, com tua proteção maternal. Consagro minha vida totalmente a teus cuidados e afirmo meu compromisso de também ser instrumento de salvação aos desacreditados no Amor de teu Jesus. Assim seja!

Ó Jesus, olhai para as lágrimas de sangue daquela que mais vos amou na terra e vos ama mais intensamente no céu! Ó Jesus, atendei nossas súplicas, em virtude das lágrimas de sangue de vossa Mãe Santíssima. Amém!

4. Oração final *(p. 10)*

8º Dia

Rosa Mística concede Graças Especiais

1. Oração inicial *(p. 8)*

2. Palavra de Deus *(Jo 2,1-5)*

Houve uma festa de casamento em Caná da Galileia e lá se encontrava a mãe de Jesus. Também Jesus foi convidado para a festa junto com seus discípulos. Faltando o vinho, a mãe de Jesus lhe disse: "Eles não têm mais vinho". Respondeu-lhe Jesus: "Mulher, que importa isso a mim e a ti? Minha hora ainda não chegou". Sua mãe disse aos serventes: "Fazei tudo o que ele vos disser".

– Palavra da Salvação.

3. Reflexão

Os prodígios realizados por Jesus, durante sua existência terrena, foram denominados sinais para validar sua missão divina de Redentor. Para que o povo acreditasse na autenticidade das manifestações em Montechiari, ocorreram diversos acontecimentos maravilhosos, que a ciência não consegue explicar. Eis alguns fatos milagrosos:

1º) A recuperação imediata de uma criança de 6 anos que, devido à poliomielite, não conseguia andar nem sequer ficar em pé. Ela foi carregada no colo até a igreja. Em seguida, viram-na levantar-se rapidamente e andar sozinha. Foi apresentada à multidão, em uma sacada de um edifício em frente à igreja. Todos puderam testemunhar com grande emoção a cura realizada. A pequena corria de um lado para o outro. Na sacada, ela afirmou, com sua inocência, que viu Nossa Senhora sorrindo para ela.

2º) Uma jovem de 26 anos, que sofria, há mais de uma década, de grave tuberculose e, desde os nove anos, não conseguia dizer uma só palavra, de repente, entoou um cântico de louvor, com uma voz forte e clara. Manteve-se em perfeito estado de saúde, após o acontecido.

3º) Outro caso bastante conhecido ocorreu quando um pai foi à igreja local e deixou a filha em casa, sob os cuidados da cunhada, pois possuía certa fraqueza mental, era incapaz de controlar as próprias necessidades fisiológicas e não falava. Enquanto os devotos recitavam o Rosário na capela, a cuidadora clamou: "Ó minha querida Senhora, se realmente apareces naquela igreja, cura esta infeliz". Naquele momento, a doente foi totalmente curada e, cheia de alegria, juntou-se à parente para rezar o Rosário.

– Ó Jesus, olhai para as lágrimas de sangue daquela que mais vos amou na terra e vos ama mais intensamente no céu! Ó Jesus, atendei nossas súplicas, em virtude das lágrimas de sangue de vossa Mãe Santíssima. Amém!

4. Oração final *(p. 10)*

9º Dia

Nossa Senhora da Rosa Mística e o Santo Terço

1. Oração inicial *(p. 8)*

2. Palavra de Deus *(Mt 9,35-38)*

Jesus andava por todas as cidades e aldeias, ensinando em suas sinagogas, pregando o Evangelho do Reino e curando toda doença e enfermidade. Vendo as multidões, teve pena delas, porque estavam cansadas e abatidas como ovelhas sem pastor. Disse então a seus discípulos: "A messe é grande, mas os trabalhadores são poucos. Por isso, pedi ao Senhor da messe que mande operários para sua messe".

– Palavra da Salvação.

3. Reflexão

Em diversas aparições, Nossa Senhora, assim como em Fátima, tem solicitado repetidas vezes a recitação do Terço: “Rezai o santo Terço! Quando rezarem, alcançarão de mim inúmeras graças. Ele é um forte vínculo a prender-vos a meu coração, ele glorifica o Altíssimo. Saibam, meus filhos, que é preciso expiar muitos pecados feitos contra meu divino Filho Jesus Cristo”.

Na aparição de janeiro de 1971, Nossa Senhora da Rosa Mística afirmou a Pierina que um Terço rezado com devoção é uma garantia para qualquer intercessão, é a contemplação dos mistérios da fé e que, quando se reza o Glória, glorifica-se a Trindade Santa.

Por isso, Rosa Mística pediu a seus filhos rezarem pelos ministérios ordenados, pela fortaleza da vocação sacerdotal e por todos aqueles desanimados no caminho rumo ao Pai. Que nossa devoção a Maria cresça a cada dia e que, por sua intercessão, não desistamos de viver a caridade e o amor ao próximo, sendo verdadeiros discípulos da messe do Senhor.

Nossa Senhora da Rosa Mística, protege minha família dos falsos amores, abençoa os sacerdotes e sua vocação e santifica todas as almas aflitas e pecadoras, que se desviaram do Verdadeiro Amor. Em nome do Pai, do Filho e do Espírito Santo. Amém!

– Ó Jesus, olhai para as lágrimas de sangue daquela que mais vos amou na terra e vos ama mais intensamente no céu! Ó Jesus, atendei nossas súplicas, em virtude das lágrimas de sangue de vossa Mãe Santíssima. Amém!

4. Oração final *(p. 10)*

Índice